악어 vs 비단구렁이

또 하나의 대결 코모도왕도마뱀 vs 킹코브라

비룡소

이해 쏙쏙! 코너 알려두기
핵심 정보: 꼭 알아야 하는 동물 필수 정보를 담았어요.
기본기 다지기: 동물 정보를 익히려면 알아 두어야 하는 기초 지식을 배워요.
놀라운 사실!: 동물의 놀라운 크기, 무게, 능력 등을 소개해요.
요건 몰랐지?: 이것까지 알면 동물 천재! 동물 척척박사가 되는 정보를 알려 주어요.
깜짝 질문: 동물 공부가 더 재밌어지는 기상천외한 질문이 등장해요.

WHO WOULD WIN?
누가 이길까?

제리 팔로타 글 · 롭 볼스터 그림 ㅣ 김아림 옮김

악어

VS

비단구렁이

악어와 비단구렁이의 대결 현장!
어서 멀리 떨어지는 게 좋을걸?

주목! 무시무시한 두 파충류, 악어와 비단구렁이가 싸우면 누가 이길까?
실제로 미국 플로리다주 에버글레이즈 국립공원에서 악어와 비단구렁이가 맞붙었어!
과연 누가 더 강했을까? 결과가 궁금하지 않아?

호시탐탐 먹이를 노리는
늪지의 지배자

이름: 미국악어
분류: 파충류
사는 곳: 미국 동남쪽 연못, 호수, 강, 늪지 등
몸무게: 최대 약 907킬로그램
공격 기술: 물고 뒹굴기
먹잇감: 곤충, 물고기, 거북, 새 등

악어

8 ·············· 악어 선수 입장!
10 ·············· 코 모양으로 악어 구분하기
12 ·············· 미국악어가 지내는 곳
14 ·············· 미국악어보다 더 큰 악어

동물 소개 · 차례

S

소리 없이 다가오는
섬뜩한 사냥꾼

이름: 버마왕뱀
분류: 파충류
사는 곳: 동남아시아 물가, 습지 등
몸무게: 최대 180킬로그램
공격 기술: 물고 조이기
먹잇감: 작은 포유류, 새, 개구리 등

비단구렁이

비단구렁이 선수 입장! ············ 9
세계에서 제일 덩치 큰 뱀들 ············ 11
버마왕뱀이 사는 곳 ············ 13
별나게 생긴 뱀들 ············ 15

악어 선수 입장!

안녕? 이 동물은 악어 중에서도 덩치 크기로 소문난 미국악어야. 보통 몸길이 4~5미터, 몸무게는 약 450킬로그램 정도 나가지. 주로 미국 동남쪽인 텍사스주와 노스캐롤라이나주 사이 강가나 습지, 호숫가에서 살아.

핵심 정보
악어는 파충류야.

놀라운 사실!
미국악어는 북아메리카에서 가장 큰 파충류야.

기본기 다지기
파충류는 몸이 비늘로 덮여 있어. 또 주변 온도에 따라 체온이 변하는 변온 동물이지. 뱀, 악어, 도마뱀, 거북 등이 모두 파충류란다.

비단구렁이 선수 입장!

히익, 이 동물은 비단구렁이 중에서도 커다랗기로 유명한 버마왕뱀이야. 6미터 넘게 자라는 녀석도 있지. 돼지, 사슴까지 통째로 삼킬 수 있대! 으아아악!

핵심 정보
비단구렁이도 파충류야.
뱀의 한 종류지.

핵심 정보
비단구렁이 이빨에는 독이 없어.
독사는 아니란 뜻이야. 휴.

요건 몰랐지?
지금은 볼 수 없는 공룡
역시 파충류에 속해.

코 모양으로 악어 구분하기

네 종류의 악어 무리를 소개할게. 모두 똑같이 생긴 것 같지만 자세히 보면 조금씩 달라. 특히 코 모양을 잘 보라고!

크로커다일과

코가 뾰족한 브이(V) 자 모양이야. 입을 다물어도 이빨이 입 밖으로 삐죽삐죽 튀어나와 있어.

앨리게이터과

코가 폭이 넓고 둥근 유(U) 자 모양이야. 아래턱보다 위턱이 더 넓어서 입을 다물면 아랫니가 보이지 않아.

가비알과

코의 폭이 좁고 뾰족해. 잽싸게 움직일 수 있어서 물고기를 사냥하는 데 딱이지! 코끝엔 알처럼 생긴 혹이 달려 있어.

카이만속

앨리게이터과에 속하는 악어 무리야. 악어 중에서 몸집이 가장 작은 악어 무리지.

세계에서 제일 덩치 큰 뱀들

전 세계에는 약 3000종의 뱀이 살아. 버마왕뱀은 그중 덩치가 아주 큰 편이지. 이 밖에 버마왕뱀과 견줄 만한 커다란 뱀들을 소개할게. 자, 놀랄 준비 됐어?

그물무늬비단뱀
전 세계에서 가장 긴 뱀이야!

놀라운 사실!
최대 7.6미터까지 자란다니까. 꺅!

아나콘다
길이는 그물무늬비단뱀이 더 길지만, 몸무게는 아나콘다가 최고지.

놀라운 사실!
400킬로그램짜리 아나콘다가 발견된 적도 있대. 와우!

아프리카비단구렁이
아프리카에서 가장 큰 뱀이야.

놀라운 사실!
길이 최대 6.1미터, 몸무게 최대 90.7킬로그램까지 자란 아프리카비단구렁이도 있어.

자수정비단뱀
이 뱀도 덩치가 크기로 손에 꼽혀. 대신 다른 뱀들보다는 날씬해.

기본기 다지기
뱀들은 몸 색깔이 다양해. 팔과 다리가 없고 눈을 감았다 떴다 할 수 있는 눈꺼풀도 없어.

미국악어가 지내는 곳

이름을 보고 알았겠지만 미국악어는 미국에서 살아. 텍사스주, 루이지애나주, 플로리다주 등 따뜻한 미국 동남부 지역에서 만날 수 있단다. 추운 건 딱 질색이거든!

핵심 정보
악어는 알래스카주처럼 추운 곳에서 살 수 없어.

미국악어는 물을 좋아해. 그래서 연못이나 호수, 강, 늪지 등에서 지내지. 살짝 소금기 있는 짠물에서도 머무를 수는 있지만, 그보다는 강이나 호수처럼 소금기가 없는 민물에서 주로 생활해.

버마왕뱀이 사는 곳

버마왕뱀은 동남아시아에서 살아. 호수 근처, 강가, 습지 등에서 주로 생활하지. 버마왕뱀의 '버마'는 오늘날 '미얀마'의 옛 이름이란다.

중국
인도
방글라데시
미얀마
라오스
태국
캄보디아
베트남
말레이시아
인도네시아

■ 버마왕뱀이 사는 곳

맙소사! 버마왕뱀을 키우려고 몰래 미국으로 데려온 사람들이 플로리다주 에버글레이즈 국립공원에 풀어놓는 짓을 벌였어. 얼마 지나지 않아 공원에 버마왕뱀이 넘쳐 났고, 생태계*는 파괴되고 말았단다.

플로리다주

요건 몰랐지?
에버글레이즈 국립공원은 키가 큰 풀이 가득하고 땅이 축축해. 버마왕뱀이 딱 살기 좋은 환경이지.

기본기 다지기
버마왕뱀은 에버글레이즈 국립공원의 '침입종'이야. 침입종이란 원래 살던 곳이 아닌 다른 곳에서 새로 들어온 식물이나 동물 종을 가리키는 말이지. 침입종은 대부분 자연의 균형을 해치고 생태계에 혼란을 일으켜.

★생태계: 어떤 장소에서 서로 영향을 주고받으며 살아가는 생물과 환경 전체.

미국악어보다 더 큰 악어

험상궂은 얼굴, 뾰족한 이빨, 날카로운 발톱까지. 도대체 이 녀석은 누구야? 바로 바다악어야. 악어 중에서 가장 덩치가 크고 무겁고 힘도 세지. 혀에 소금을 내보내는 '소금샘'이 있어서 바닷가에서도 살 수 있어.

놀라운 사실!
수컷 바다악어는 몸이 최대 7미터까지 자라. 코끼리 몸길이와 맞먹어.

우아, 이 녀석은 온몸이 흰색이네!
전 세계에 100여 마리밖에 없는 알비노 악어야.

기본기 다지기
'알비노'는 피부, 머리카락 등에 색소가 없어 흰색인 상태를 뜻하는 말이야.

별나게 생긴 뱀들

몸집이 엄청난 뱀들을 보았으니 이번엔 실처럼 가느다란 뱀을 소개하지. 이름하여 바베이도스실뱀! 전 세계에서 가장 작은 뱀이란다. 멀리서 보면 지렁이처럼 보이기도 해.

바베이도스실뱀의 실제 크기

요건 몰랐지?
브라미니장님뱀도 바베이도스실뱀처럼 가늘고 작아. 제일 길게 자라 봐야 고작 10센티미터지. 눈 위에 비늘이 덮여 있어서 앞을 거의 보지 못한대.

요건 몰랐지?
무족도마뱀처럼 섬에 사는 몇몇 도마뱀은 다리가 없어. 뱀이랑 헷갈리지 말라고!

엄마야, 이 녀석도 몸 색깔이 온통 하얗고 노랗네. 버마왕뱀의 색과 무늬는 대부분 기린과 비슷하지만, 알비노인 버마왕뱀은 흰색 바탕에 연한 노란색이나 주황색의 무늬가 있어.

강력한 이빨이 삐죽!

악어의 힘센 턱 안에는 커다랗고 날카로운 이빨이 70~100개나 돼. 악어가 싸울 때 아주 강력한 무기지. 한번 물면 절대 놓치지 않으니 조심하는 게 좋을 거야!

놀라운 사실!
악어는 오늘날 살아 있는 동물 중 턱으로 무는 힘이 가장 세. 턱 힘만으로 무려 1톤짜리 트럭을 들어 올릴 수 있어. 끙차!

핵심 정보
악어의 이빨은 원뿔 모양이야. 꼭 아이스크림콘처럼 생겼지?

칼처럼 날카로운 송곳니

뱀은 이빨로 먹이를 잘근잘근 씹지 않아. 대신 유연한 턱으로 입을 크게 벌려서 꿈틀대는 먹잇감을 통째로 입속으로 천천히 집어넣지. 그다음은? 꿀꺽 삼켜 버려!

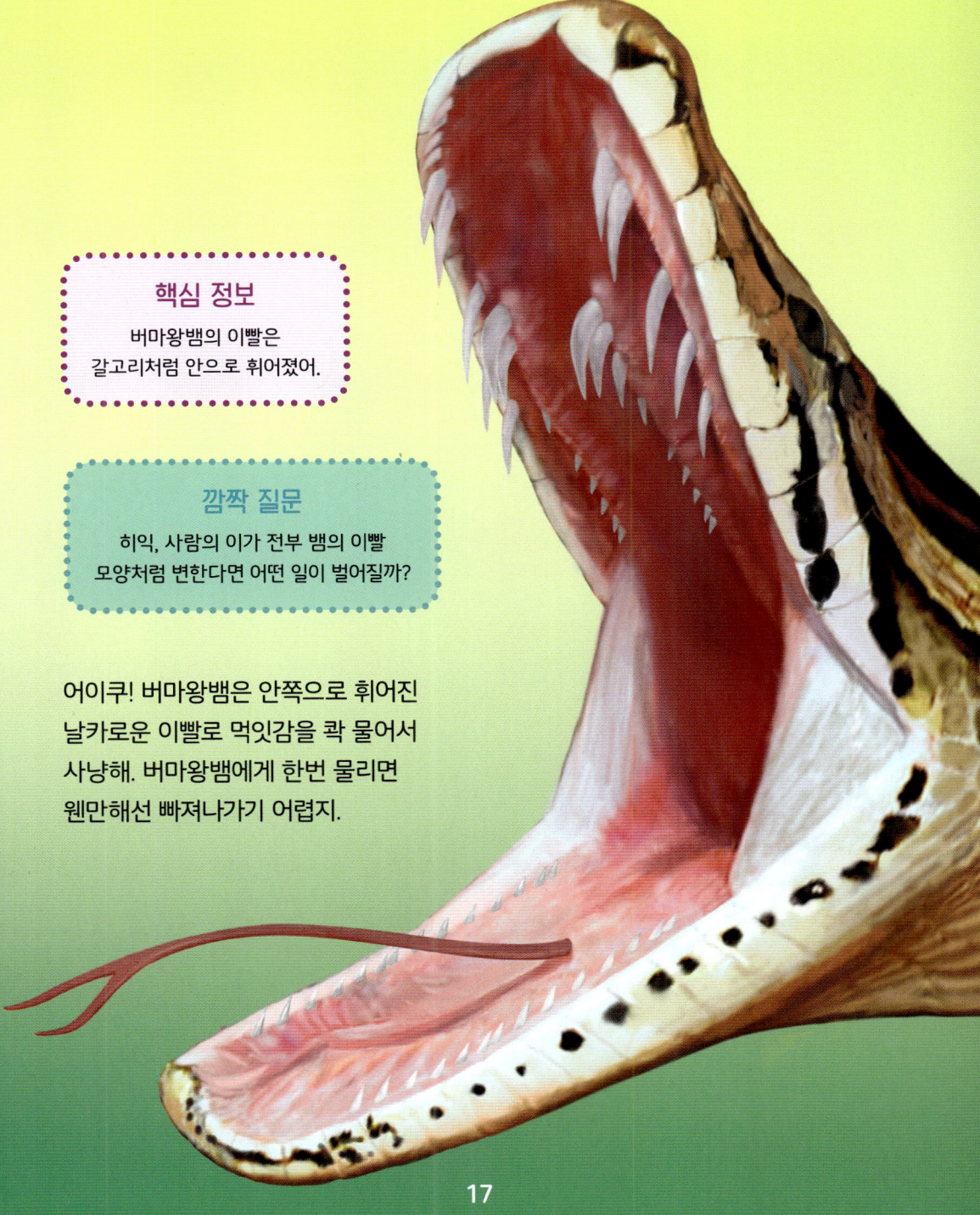

핵심 정보
버마왕뱀의 이빨은 갈고리처럼 안으로 휘어졌어.

깜짝 질문
히익, 사람의 이가 전부 뱀의 이빨 모양처럼 변한다면 어떤 일이 벌어질까?

어이쿠! 버마왕뱀은 안쪽으로 휘어진 날카로운 이빨로 먹잇감을 꽉 물어서 사냥해. 버마왕뱀에게 한번 물리면 웬만해선 빠져나가기 어렵지.

꽉 물고 뒹굴기 공격!

미국악어의 먹잇감 사냥 시간! 미국악어가 먹잇감을 꽉 물고 뒹굴면 그 어떤 동물도 버티기 어려워. 몸이 뒤틀려 팔다리가 우두둑 부러지고 말지. 이렇게 먹잇감이 허둥대는 사이, 미국악어는 먹잇감의 팔다리를 뜯어. 우적우적 냠냠. 임무 완수!

쉿! 뒹굴기 공격은 미국악어의 필살기야. 워낙 강력해서 '죽음의 회전' 기술이라고도 부르지. 미국악어가 이 공격 기술을 어떻게 배웠는지는 확실히 알 수 없대. 특급 비밀인가 봐.

놀라운 사실!
1948년 이후 미국에서 악어의 공격을 받아 죽은 사람이 24명이나 된대. 으악!

핵심 정보
악어가 언제나 먹잇감을 한 번에 다 먹는 건 아냐. 먹다 남은 먹잇감을 땅속에 파묻었다가 나중에 먹기도 해.

칭칭 감고 조이기 공격!

버마왕뱀은 먹잇감을 이빨로 물어서 붙든 다음, 몸으로 칭칭 감아서 꽈악 조여. 먹잇감이 숨 쉴 수 없을 때까지 아주 세게!

요건 몰랐지?
2016년 미국에서는 에버글레이즈 국립공원의 생태계를 보호하기 위해 버마왕뱀 사냥 대회가 열렸어.

기본기 다지기
덩치 큰 뱀들은 대부분 먹잇감을 몸으로 조여서 사냥해. 그러면 먹잇감은 숨을 쉬지 못하거나 심장 마비로 죽고 말지.

놀라운 사실!
다른 나라에서는 종종 거대한 뱀이 사람을 삼키는 일이 벌어져.

철썩, 거대한 꼬리

악어의 꼬리는 길고 넓적하고 두꺼워. 꼬리 길이가 몸의 나머지 부분을 합친 길이와 비슷하지. 악어는 물속에서 꼬리로 방향을 바꾸고 헤엄을 쳐.

최고 속도 50

놀라운 사실!
악어가 작정하면 시속* 50킬로미터 속도로 달릴 수 있어. 단, 짧은 거리에서만!

요건 몰랐지?
몇몇 악어는 꼬리가 잘리면 도마뱀처럼 다시 자라. 아쉽게도 미국악어는 그런 능력이 없지만 말이야.

악어는 수영을 무척 잘해. 물속에서 시속* 16킬로미터로 헤엄칠 수 있단다.

*시속: 1시간 동안 이동한 거리.

꼬리처럼 생긴 몸

뱀은 꼬리가 없어. 몸 전체가 꼬리처럼 생겼을 뿐이지.

놀라운 사실!
흐물흐물 약해 보인다고? 버마왕뱀은 몸에 약 4000개나 되는 근육이 있어.

엉금엉금
수영 속도
8

버마왕뱀을 비롯한 비단구렁이는 악어처럼 수영 실력이 아주 좋아. 땅에서보다 물속에서 더 빠르게 움직이지. 보통 시속 8킬로미터 정도로 헤엄치는데, 다 자란 남자가 걷는 것보다 훨씬 빠른 속도란다.

물속에서 빼꼼!

물속에 몸을 꼭꼭 숨긴 악어가 보여? 코와 눈만 물 밖으로 내밀고 참을성 있게 먹잇감을 기다리는 중이야.

핵심 정보
악어는 물속에서 숨을 쉬지 못해. 대신 보통 물속에서 약 15분 정도 숨을 참을 수 있지. 흡!

요건 몰랐지?
악어의 코와 귀에는 근육으로 된 덮개가 있어. 악어는 물에 들어가면 이 덮개로 코와 귀를 닫는단다.

깜짝 질문
악어는 나무에 오를 수 있을까? 정답은 '있다.'야! 악어는 종종 자기의 몸무게를 버틸 수 있는 나무를 골라서 엉금엉금 기어오르기도 해.

악어는 마음만 먹으면 물속에서 1시간 동안 숨을 참을 수 있어. 차가운 물일수록 더 오래 머물 수 있지. 아주 차가운 물에서는 최대 2시간 동안이나 가능하대! 대단한걸?

위장의 고수

버마왕뱀은 자기 몸을 주변 환경과 비슷하게 위장*하는 기술이 아주 뛰어나. 아래 사진을 봐! 땅에 떨어진 나뭇잎처럼 보이지 않아?

핵심 정보
비단구렁이도 물속에 있을 때 눈과 코를 물 밖으로 쏘옥 내밀어. 물속에서는 숨을 쉴 수 없거든.

놀라운 사실!
버마왕뱀은 30분 동안 물속에서 숨을 참을 수 있어.

조심해! 버마왕뱀도 나무에 오를 수 있어!

*위장: 주변 환경과 비슷하게 보이게 하여 몸을 숨기는 일.

악어의 사냥감

악어는 곤충, 달팽이, 물고기, 거북, 새, 다른 파충류의 새끼 등을 잡아먹어. 자라면서 몸집이 커질수록 더 큰 동물을 먹잇감으로 삼지. 그런데 몸집이 작은 새끼 악어는 오히려 커다란 물고기나 매, 독수리의 먹잇감이 될 수 있어. 동물들의 세계에서 살아남기란 무척 어려워. 휴.

핵심 정보
갓 태어난 새끼 악어는 곤충과 새우처럼 아주 작은 먹이를 먹어. 다 자란 악어는 물 밖으로 나가서 소나 말 같은 덩치 큰 동물을 잡아먹기도 하지.

요건 몰랐지?
악어는 새에게 몰래 다가가 사냥하는 솜씨가 아주 좋아! 새 중에서도 오리나 거위, 왜가리를 잡아먹지.

버마왕뱀의 먹잇감

버마왕뱀은 통째로 삼킬 수 있는 먹이라면 뭐든지 잡아먹어! 턱을 쩌억 벌리고 심지어 자기 입보다 큰 먹이마저 꿀꺽 삼키지. 주로 작은 포유류, 개구리, 새들을 잡아먹는단다.

핵심 정보
비단구렁이는 혀로 맛을 느끼고, 냄새를 맡고, 온도까지 알아낼 수 있어. 날름!

악어로 만든 음식

미국 남부, 오스트레일리아, 중국 등 악어가 많이 사는 지역 근처에는 악어를 잡아서 요리해 먹는 사람들이 있어. 악어 요리를 파는 식당도 있지. 악어로 어떤 요리를 해 먹는지 살펴볼까? 어떤 요리가 가장 먹고 싶은지 한번 골라 봐!

오늘의 특별 메뉴

육즙 팡팡 악어 스테이크
살짝 양념하여 구운 악어 스테이크.
굵게 빻은 옥수수와 신선한 비트 잎을 함께!

바삭바삭 악어 튀김
빵가루를 골고루 묻혀 황금빛을 띨 때까지 튀긴
악어 고기. 함께 나오는 바삭한 감자튀김과 먹으면 찰떡궁합!

촉촉 쫄깃 악어 바비큐
비법 소스에 찍어 먹는 훈제* 악어 바비큐.
부드럽게 으깬 감자와 아삭한 샐러드를 곁들인 환상적인 맛.

*훈제: 소금에 절인 고기를 숯불 연기에 익혀 말리면서
그 연기의 성분이 배게 하는 조리 방법.

매콤 탱글 악어 소시지
곱게 간 악어 고기에 매콤한 향신료로 양념한 악어 소시지.
밥, 구운 피망, 머스터드소스를 곁들인 든든한 한 끼 식사.

비단구렁이 요리

중국, 인도네시아, 미국 남부 등에서는 비단구렁이 요리를 먹기도 해. 아주 맛이 좋다고 소문이 자자하던걸? 도대체 무슨 맛일까?

요건 몰랐지?
중국에는 비단구렁이를 찌거나 튀겨서 채소와 곁들여 먹는 요리가 있어.

깜짝 질문
비단구렁이 아이스크림, 비단구렁이 케이크, 초콜릿을 바른 비단구렁이 고기는 어떤 맛일까?

울퉁불퉁 단단한 비늘

악어의 등은 거북의 등딱지처럼 딱딱하고 울퉁불퉁한 작은 비늘들로 덮여 있어. 이 비늘들이 무늬를 이루며 이어진 걸 악어가죽이라고 불러.

핵심 정보
딱딱한 등과 다르게 악어 뱃가죽은 아주 부드러워.

거울아, 거울아. 파충류 중에 가장 멋진 동물이 누구니?

놀라운 사실!
사람들은 부드러운 악어 뱃가죽으로 가방이나 지갑 등을 만들기도 해. 영국 런던에 있는 동물원에서는 야생 동물 보호의 중요성을 알리기 위해 악어 가방을 전시하기도 했어.

요건 몰랐지?
악어를 쏙 닮은 물고기가 있어. 이름은 앨리게이터가아!

매끈매끈 튼튼한 비늘

모든 뱀은 온몸이 부드럽고 튼튼한 비늘로 덮여 있어. 뱀의 종류마다 비늘의 색과 무늬가 달라서 어떤 뱀인지 구분하려면 비늘을 보면 돼.

핵심 정보
뱀은 만졌을 때 끈적거리지 않아. 메마른 비늘이 피부를 뒤덮고 있기 때문이야.

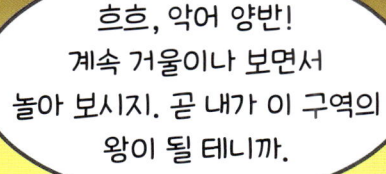

흐흐, 악어 양반! 계속 거울이나 보면서 놀아 보시지. 곧 내가 이 구역의 왕이 될 테니까.

기본기 다지기
뱀은 몸이 자라면서 투명한 바깥쪽 피부를 벗겨 내. '허물'을 벗는다고 하지. 벗겨진 허물은 보통 하나의 덩어리로 이어져 있어.

엄청나게 뛰어난 시력

악어는 시력이 아주 좋은 편이야. 멀리, 넓게 볼 수 있지. 캄캄한 밤에도 사물을 잘 구분해. 사냥감을 찾아내기에 딱이지 뭐야!

튼튼한 다리

악어는 다리가 아주 튼튼해. 발을 감싸는 비늘은 거칠고, 긴 발가락 때문에 더 못생겨 보이지. 하지만 악어의 발은 구덩이를 파는 데 안성맞춤이야. 악어는 먹다 남은 먹이를 묻거나 물을 마셔야 할 때 구덩이를 판단다.

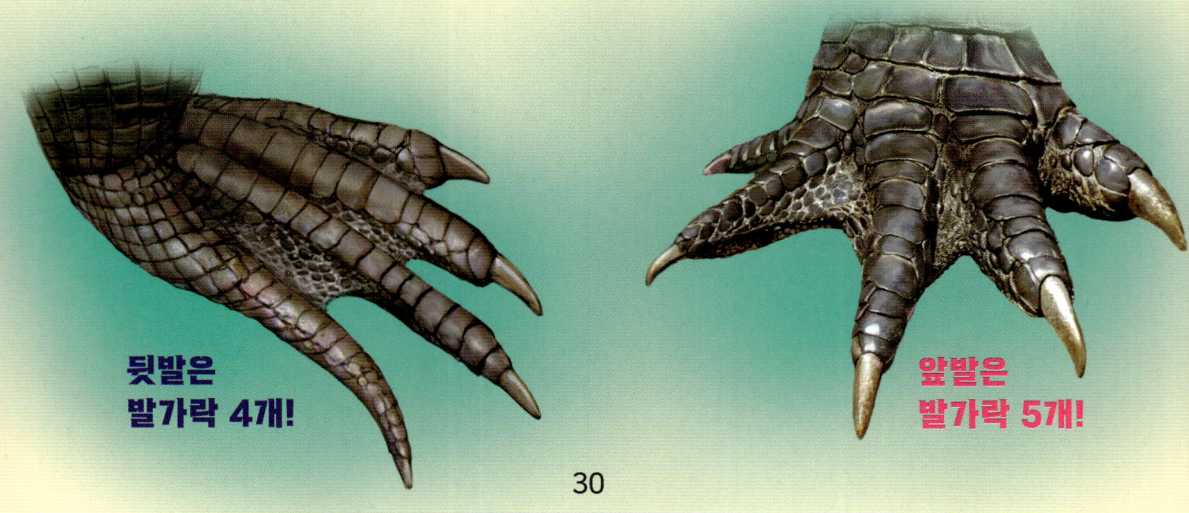

뒷발은 발가락 4개!

앞발은 발가락 5개!

열 감지 사냥꾼

비단구렁이는 시력이 좋지 않아. 대신 입 주변에 열을 느낄 수 있는 '피트 기관'으로 주변에 있는 사냥감을 찾아내.

핵심 정보
비단구렁이는 피트 기관으로 어두운 곳에 있는 먹잇감의 위치를 정확히 알 수 있어.

놀라운 사실!
피트 기관은 0.003도의 변화까지 느껴!

다리 대신 배

비단구렁이를 비롯한 모든 뱀은 다리가 없어! 대신 배에 있는 비늘을 움직여 스르륵 미끄러지듯 앞으로 나아간단다.

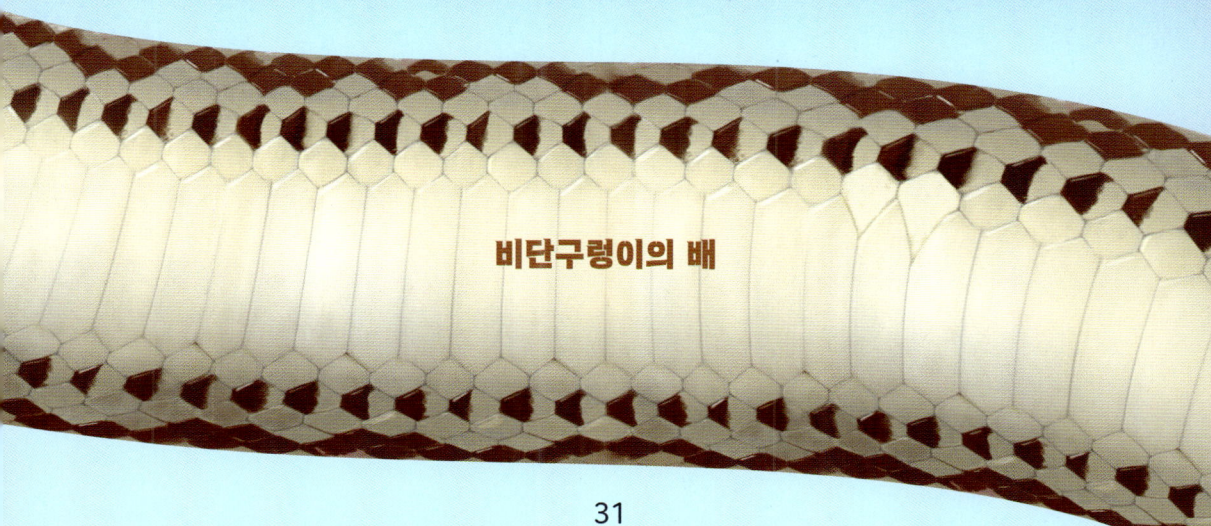

비단구렁이의 배

최강 동물 대결!

두둥, 미국악어와 버마왕뱀이 마주쳤어.
어기적어기적, 스르륵. 상대를 살피며 거리를 좁혀 가.

까드득! 미국악어가 버마왕뱀을 꽉 물었어. 어? 그런데 뭔가 좀 이상했어. 먹잇감에 잡아 뜯을 다리가 없는 거야. 버마왕뱀은 평소 미국악어가 즐겨 먹던 먹잇감이 아니었지. 아쉽지만 미국악어는 버마왕뱀을 그냥 놓아주기로 마음먹었어.

그런데 이를 어째! 이번엔 버마왕뱀이 미국악어를 둘둘 휘감는 게 아니겠어?

버마왕뱀은 온몸의 근육을 써서 서서히 악어의 숨통을 조였어. 미국악어는 몸을 뒤집고 비틀며 빠져나가려고 발버둥 쳤지. 이대로 미국악어는 탈출에 성공했을까?

미국악어가 버마왕뱀을 꽉 물어 보려고 했어. 하지만 버마왕뱀은 미끄러지듯이 빠져나갔어. 헉헉헉, 엎치락뒤치락 싸움이 계속되는 동안 미국악어는 지쳐 갔어.

버마왕뱀은 기회를 놓치지 않았어. 미국악어를 휘감은 채로 입을 크게 벌려 통째로 삼키기 시작했지. 턱을 최대한 벌려서 억센 목구멍 근육으로 꿀꺽꿀꺽.

미국악어의 머리를 다 삼킨 버마왕뱀은 쉬지 않고 몸통까지 조금씩 조금씩 밀어 넣었어. 다리는 울퉁불퉁해서 먹기가 좀 힘들었지만….

마침내 버마왕뱀은 미국악어의 꼬리까지 입속에 넣었어! 버마왕뱀 승리! 끄응. 힘들게 삼키긴 했지만 배가 좀 아팠어. 삼킨 미국악어를 소화하려면 한 달은 족히 걸릴 거야.

누가 더 유리할까?

아래 체크리스트의 각 항목을 보고, 더 강한 동물에 체크(v) 표시해 봐!

미국악어　　　　　**버마왕뱀**

☐	크기	☐
☐	이빨	☐
☐	공격 기술	☐
☐	민첩함	☐
☐	위장 실력	☐
☐	비늘	☐
☐	시력	☐

★ **찾아보자!** 크기 8~9쪽, 이빨 16~17쪽, 공격 기술 18~19쪽, 민첩함 20~21쪽, 위장 실력 22~23쪽, 비늘 28~29쪽, 시력 30~31쪽

WHO WOULD WIN?

누가 이길까?

제리 팔로타 글·롭 볼스터 그림 | 김아림 옮김

코모도왕도마뱀

VS

킹코브라

비룡소

모두 조심해!
독을 품은 녀석들이 코앞에 있어!

빅 뉴스! 덩치 큰 코모도왕도마뱀과 사나운 킹코브라가 마주쳤어!
마침 둘 다 무척 배가 고픈 것 같아. 과연 무슨 일이 벌어질까?
둘이 싸우면 누가 이길지 궁금하지 않아?

공룡의 후예
거대 도마뱀

이름: 코모도왕도마뱀
분류: 파충류
사는 곳: 인도네시아의 코모도섬, 린카섬, 플로레스섬, 길리모탕섬
몸무게: 최대 165킬로그램
공격 기술: 강한 턱과 이빨로 뼈 부러뜨리기
먹잇감: 덩치 큰 포유류

코모도왕도마뱀

44 ·············· 코모도왕도마뱀 선수 입장!
46 ·············· 톱니 모양 이빨
48 ·············· 독과 세균이 가득한 침
50 ·············· 날름날름, 먹잇감을 찾아라!
52 ·············· 갑옷처럼 딱딱한 비늘
54 ·············· 납작하고 긴 머리
56 ·············· 코모도왕도마뱀의 먹이
58 ·············· 몸통, 다리, 꼬리가 따로따로
60 ·············· 나무 위에 사는 새끼
62 ·············· 배고프면 새끼도 냠냠
64 ·············· 동물원의 코모도왕도마뱀
66 ·············· 최강 동물 대결!

치명적인 독을 품은
독사의 왕

이름: 킹코브라
분류: 파충류
사는 곳: 인도, 중국, 동남아시아 등
몸무게: 약 9킬로그램
공격 기술: 독니로 콱 물기
먹잇감: 다른 뱀

킹코브라

- 킹코브라 선수 입장! ············ 45
- 독이 든 뾰족한 송곳니 ············ 47
- 콸콸콸, 독 양으로 승부! ············ 49
- 재주 많은 혀 ············ 51
- 바싹 메마른 비늘 ············ 53
- 몸집이 큰 먹잇감도 크아앙! ············ 55
- 킹코브라의 식사 ············ 57

코모도왕도마뱀 선수 입장!

우아, 저기 엄청나게 큰 도마뱀 좀 봐! 이름은 코모도왕도마뱀. 도마뱀 중에서 몸집이 가장 크지. 몸길이는 최대 3미터까지 자라고, 몸무게는 최대 165킬로그램까지 나가.

기본기 다지기
코모도왕도마뱀은 파충류야. 온몸이 비늘로 덮여 있고, 주변 온도에 따라 체온이 변해. 악어나 거북처럼!

핵심 정보
코모도왕도마뱀은 인도네시아의 코모도섬, 린카섬, 플로레스섬, 길리모탕섬에 살아.

킹코브라 선수 입장!

쉬익쉬익, 킹코브라를 만나 볼까? 킹코브라는 독사 중에서 몸이 가장 길어. 최대 5미터까지 자라지. 몸무게는 약 9킬로그램까지 나가.

기본기 다지기
'독사'는 이빨에 독이 있는 뱀을 뜻해.

기본기 다지기
킹코브라를 비롯한 모든 뱀은 파충류인데 다리와 눈꺼풀, 귓구멍이 없어.

핵심 정보
킹코브라는 인도, 중국, 동남아시아, 인도네시아, 필리핀 등에서 살아.

톱니 모양 이빨

코모도왕도마뱀의 이빨은 조금 별나게 생겼어. 뾰족뾰족하고 들쭉날쭉한 톱니 모양이지. 평소엔 잇몸 속에 감추어져 있다가 먹잇감을 물 때 나타나.

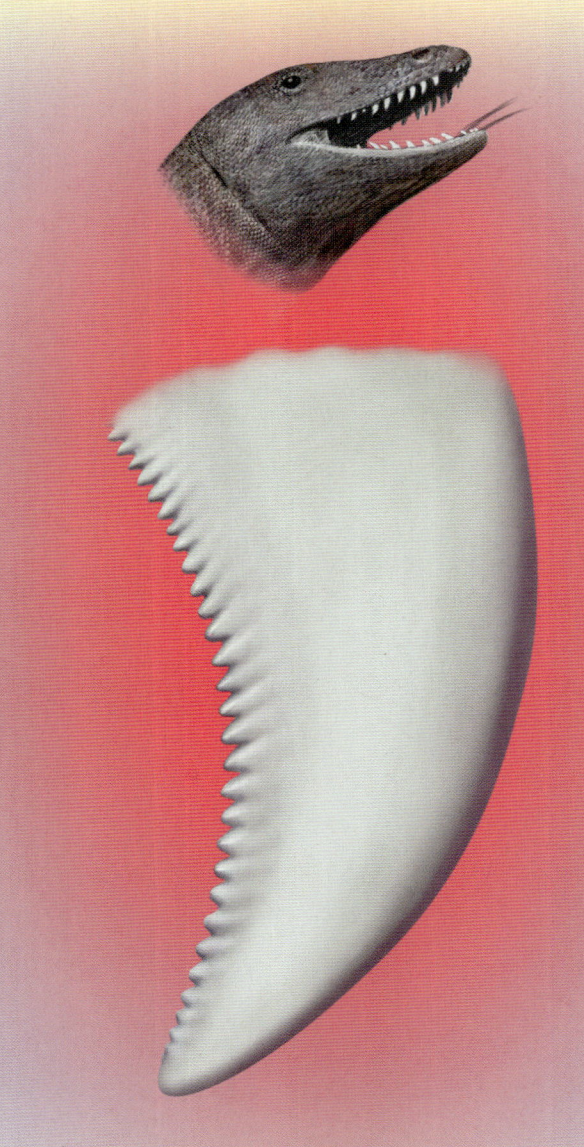

요건 몰랐지?
상어의 이빨도 톱니처럼 가장자리가 삐죽삐죽해.

독이 든 뾰족한 송곳니

킹코브라에게는 길쭉하고 아주 날카로운 송곳니가 있어. 속이 텅 빈 송곳니 안에는 독이 들어 있단다. 뾰족한 이빨로 먹잇감을 콱 문 다음 독을 흘리는 거야.

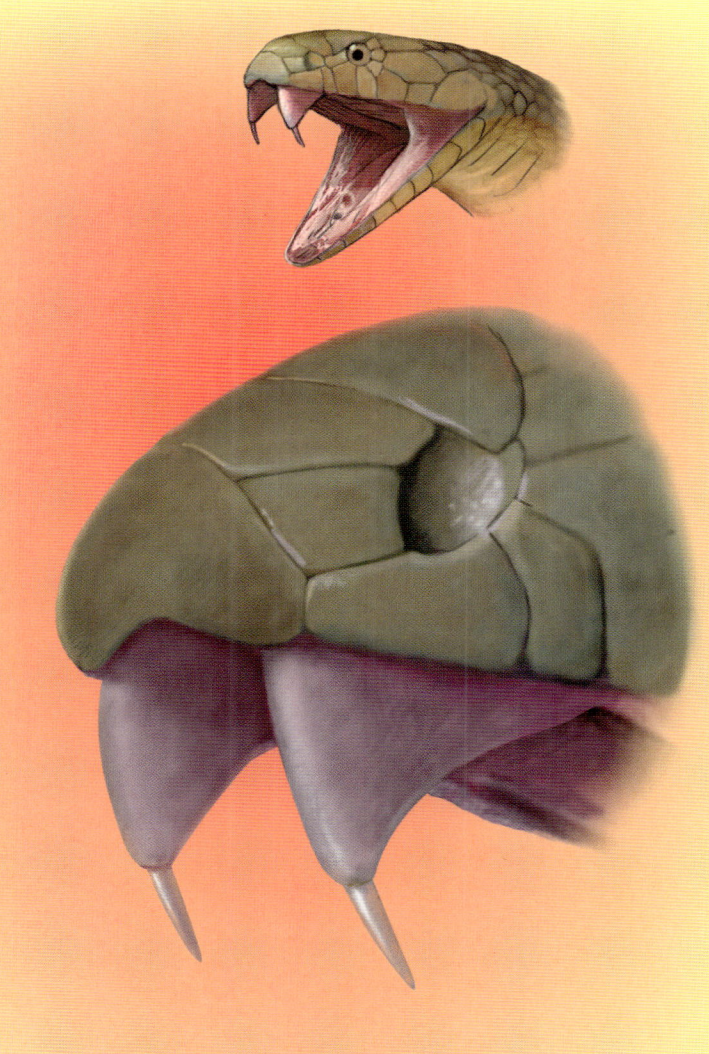

요건 몰랐지?
뱀에게 물린 이빨 자국을 보면 그 뱀이 독사인지 아닌지 구분할 수 있어.

독과 세균이 가득한 침

코모도왕도마뱀은 입속에 강력한 무기가 있어. 바로 독과 세균이 득실거리는 침! 코모도왕도마뱀에게 한번 물리면 살아남기 힘들다고. 아메리카독도마뱀과 멕시코독도마뱀도 코모도왕도마뱀처럼 입속에 독이 있어.

놀라운 사실!
코모도왕도마뱀의 침에는 피가 딱딱하게 굳어 딱지가 생기지 않게 하는 물질도 있어. 그래서 이 녀석한테 물리면 피가 계속 흘러서 목숨이 위험해져!

아메리카독도마뱀

멕시코독도마뱀

요건 몰랐지?
무시무시한 독도마뱀의 독으로 당뇨병을 치료하는 약을 만들기도 해.

콸콸콸, 독 양으로 승부!

킹코브라의 독이 모든 뱀독 중에서 가장 강력하다고 보긴 어려워. 대신 한번 물 때 엄청난 양을 쓴단다. 코끼리 한 마리 혹은 어른 20명 정도는 거뜬히 죽일 수 있는 양이지. 물론 실제로 킹코브라의 송곳니가 코끼리의 두꺼운 가죽을 뚫을 수는 없어.

핵심 정보
킹코브라의 독에는 동물의 신경*이나 근육을 마비시키는 물질이 들어 있어. 이런 독을 '신경독'이라고 해.

요건 몰랐지?
몇몇 코브라들은 독을 침처럼 뱉기도 해. 하지만 킹코브라는 그렇게 못해. 송곳니 안에 독이 있으니까!

★신경: 동물의 몸 곳곳에 퍼져 감각과 정보를 전달하는 조직.

날름날름, 먹잇감을 찾아라!

놀라운 사실!
코모도왕도마뱀은 죽은 동물을 먹기도 해.
그래서 종종 무덤을 파헤친다지.
으흐흐, 무섭지!

코모도왕도마뱀의 혀는 끝이 포크처럼 둘로 갈라져 있어. 주로 혀로 냄새를 맡는데, 아주 예민해서 한번 날름거리기만 해도 근처에 먹잇감이 어디 있는지 알 수 있대. 심지어 10킬로미터 떨어진 곳에서 나는 냄새로도 말이야.

재주 많은 혀

킹코브라도 코모도왕도마뱀처럼 혀끝이 두 갈래로 나뉘어 있어. 이 혀로 냄새를 맡고 먹잇감의 움직임과 온도까지 느낄 수 있지. 그래서 킹코브라는 사냥감을 찾을 때 머리를 쳐들고 혀를 내민단다.

기본기 다지기

끝이 포크처럼 갈라진 혀 덕분에 냄새가 어느 방향에서 오는지 알아차릴 수 있어.

갑옷처럼 딱딱한 비늘

코모도왕도마뱀은 온몸이 뼈처럼 딱딱한 비늘로 덮여 있어. 이 비늘을 '골편'이라고 불러. 아래 그림으로 자세히 살펴볼까?

핵심 정보
코모도왕도마뱀의 딱딱한 비늘은 몸을 보호해 줘. 특히 다른 코모도왕도마뱀과 싸울 때 유용하지.

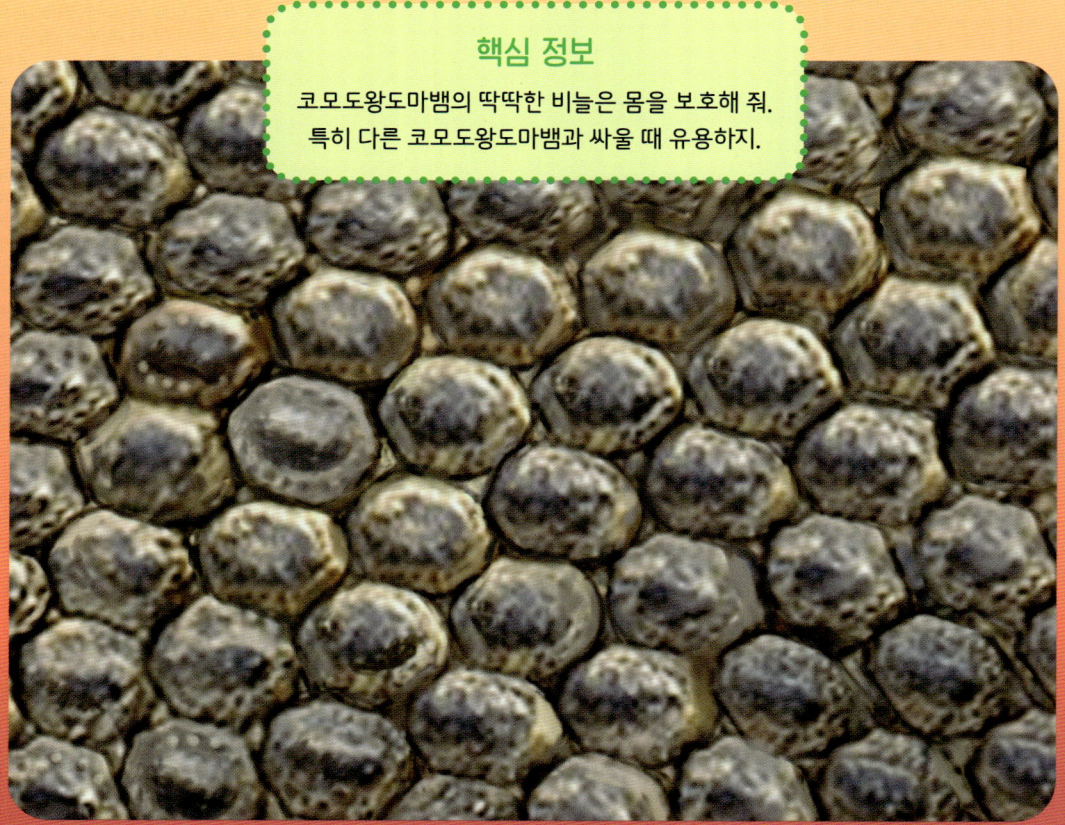

기본기 다지기
도마뱀은 적과 마주치면 꼬리를 잘라 미끼로 넘기고 후다닥 도망쳐.

요건 몰랐지?
나비와 나방의 날개도 비늘로 이루어져 있어. 대부분의 물고기 역시 몸이 비늘로 덮여 있단다.

바싹 메마른 비늘

킹코브라의 몸도 비늘로 덮여 있어. 촉촉하거나 끈적이지 않고 메말라 있지. 또 다른 뱀들처럼 일정한 모양이 맞물려 이어져 있어. 아래 킹코브라 비늘을 한번 볼래?

윗부분이 등 쪽, 아랫부분이 배 쪽이야. 등 쪽은 작고, 배 쪽은 큰 비늘 조각들로 이루어져 있지. 이 비늘 조각들은 통째로 이어져 있어.

요건 몰랐지?
인도에서는 코브라가 피리 소리에 따라 춤추는 묘기를 보이기도 해. 삘리리삘리리, 신기하지?

납작하고 긴 머리

코모도왕도마뱀의 머리뼈야. 납작하고 긴 게 꼭 악어 턱 같지 않아?

핵심 정보
코모도왕도마뱀 입안에는 날카로운 이빨이 60개 정도 있어. 커다란 덩치와 달리 이빨은 작은 편이야. 제일 큰 이빨이 약 2.5센티미터밖에 안 돼.

경고!

날카로운 이빨에 꽉 물리고 싶지 않다면 멀리 물러서는 게 좋을 거야.

요건 몰랐지?
코모도왕도마뱀의 이빨은 빠지거나 부서지면 다시 자라.

몸집이 큰 먹잇감도 크아앙!

에계, 킹코브라의 머리뼈는 작아. 그래서 뇌를 제대로 보호해 주지 못해.

핵심 정보
킹코브라는 먹잇감을 씹지 않아.
이빨로 먹잇감을 입속으로 끌어들인 다음
통째로 꿀꺽 삼켜 버려.

킹코브라는 위턱과 아래턱이 느슨하게 연결되어 있어. 그래서 자기보다 덩치 큰 먹잇감도 입을 쩌억 벌려서 삼킬 수 있지. 머리가 작다고 얕보면 큰일 나.

기본기 다지기
파충류 가운데 뱀을 연구하는
학문을 '사류학'이라고 해.

코모도왕도마뱀의 먹이

코모도왕도마뱀은 뭐든 가리지 않고 잘 먹지만, 주로 염소, 사슴, 멧돼지 같은 큰 포유류를 즐겨 먹어. 보통 먹잇감을 이빨로 물어뜯어서 잘게 찢어 먹는단다.

기본기 다지기
코모도왕도마뱀은 다른 동물을 잡아먹는 육식 동물이야.

놀라운 사실!
코모도왕도마뱀은 먹이를 다 먹고 나면 몸무게가 두 배 가까이 늘어난대!

깜짝 질문
코모도왕도마뱀은 소화시키지 못한 먹잇감의 털이나 뼈, 발톱, 비늘을 토하기도 해. 이 토한 덩어리를 뭐라고 할까? 정답은 '펠릿'!

킹코브라의 식사

킹코브라가 가장 좋아하는 먹이는 뱀이야. 덩치 큰 비단구렁이부터 자기와 같은 킹코브라까지 뱀이라면 일단 덤비고 보지. 그래서 과학자들은 킹코브라를 '뱀을 먹는 자'라고도 불러.

핵심 정보
킹코브라는 주로 다른 뱀을 잡아먹지만, 먹잇감이 없을 때에는 쥐나 도마뱀 등을 잡아먹어.

먹고 난 직후	
한 달 뒤	
두 달 뒤	

놀라운 사실!
킹코브라는 커다란 먹이를 삼키고 난 뒤 한두 달 정도 다른 먹이를 먹지 않아도 돼. 신기하지?

몸통, 다리, 꼬리가 따로따로

코모도왕도마뱀의 골격*이야. 코모도왕도마뱀의 뼈를 보면 몸통과 꼬리, 다리, 발가락이 각각 어디인지 바로 구분할 수 있어.

요건 몰랐지?
우아, 반짝반짝 황금 동전이야! 인도네시아에서는 코모도왕도마뱀을 새긴 황금 기념주화*를 만든 적이 있어.

코모도왕도마뱀은 몸집이 거대하고 공룡을 닮아서 '지구의 마지막 공룡', '공룡의 후예'라는 별명이 붙었어.

★골격: 동물 몸을 지탱하고 몸의 모양을 이루는 뼈.
★기념주화: 뜻깊은 사건이나 행사를 기념하여 특별히 만든 금속 화폐.

어디가 몸통이고, 어디가 꼬리야?

킹코브라의 골격이야. 왼쪽의 코모도왕도마뱀 골격과 비교했을 때 가장 큰 차이점이 뭐야?

요건 몰랐지?
러시아도 코브라가 새겨진 동전을 만든 적 있어. 동전 하나당 우리나라 돈으로 약 200원 정도야.

킹코브라는 다리도, 발가락도 없어. 대신 몸통에 갈비뼈가 아주 많단다. 그래서 마치 몸 전체가 하나의 꼬리처럼 보여.

나무 위에 사는 새끼

코모도왕도마뱀은 한 번에 약 25개의 알을 낳아. 알을 깨고 나온 새끼 코모도왕도마뱀은 천적을 피해 약 여덟 달 동안 나무에서 지내지. 새끼는 아직 몸집이 작아서 벌레나 설치류*, 다른 도마뱀, 동물의 알 등을 먹어.

기본기 다지기
새나 파충류는 한 번에 여러 개의 알을 낳아.

놀라운 사실!
새끼 코모도왕도마뱀은 적으로부터 자기를 보호하려고 다른 동물의 똥, 오줌에서 이리저리 뒹굴어. 어휴, 냄새!

*설치류: 쥐류라고도 한다. 들쥐, 비버처럼 송곳니가 없고 앞니와 앞어금니 사이에 넓은 틈이 있는 것이 특징이다.

둥지를 짓는 유일한 뱀

핵심 정보
새끼 킹코브라는 태어날 때부터 독을 갖고 있어.

짠, 새끼 킹코브라가 둥지에서 알을 깨고 나왔어! 킹코브라는 다른 뱀들과 달리 둥지를 짓고 알을 낳아. 킹코브라의 둥지는 나뭇가지나 낙엽을 모아 만드는데, 새 둥지와 비슷하게 생겼어.

핵심 정보
킹코브라는 한 번에 20~50개의 알을 낳아. 알은 암컷과 수컷이 함께 보살피지.

배고프면 새끼도 냠냠

핵심 정보
갓 태어난 새끼 코모도왕도마뱀은 몸에 줄무늬가 있어. 자라면서 점점 없어지지.

꺅, 코모도왕도마뱀은 가끔 자기 새끼를 먹기도 해! 하지만 새끼도 꼼짝없이 당하고 있지만은 않아. 어미가 잡아먹으려 하면 재빠르게 나무 위로 도망치지. 다 자란 코모도왕도마뱀은 몸이 너무 무거워서 나무 위로 오를 수 없거든.

몸집을 부풀려 공격!

킹코브라는 공격을 받을 때 상대에게 위협적으로 보이려고 갈비뼈를 펴서 자기 몸을 크게 부풀려. 사람들은 킹코브라의 이런 행동을 '후드 펼치기'라고 불러.

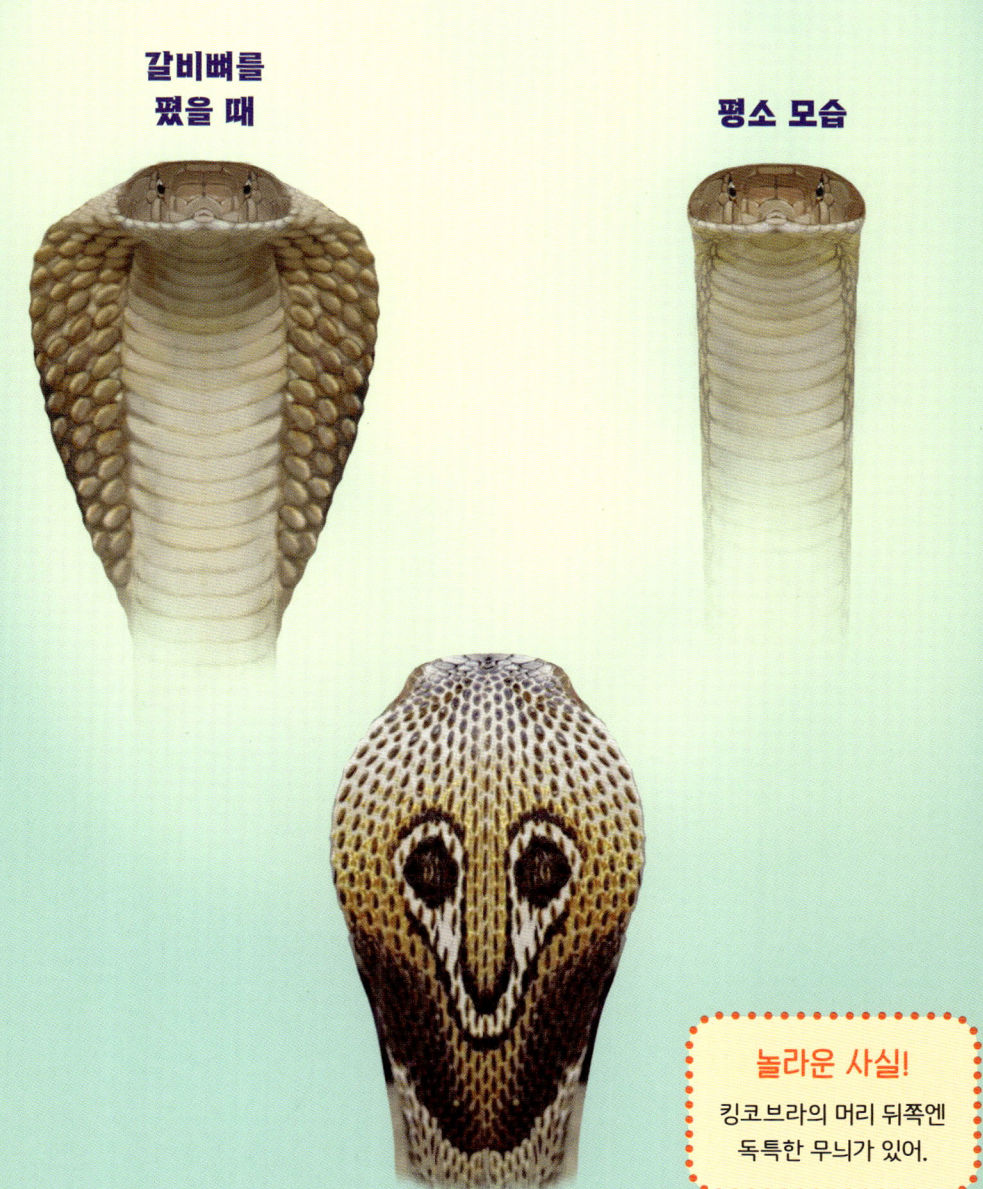

갈비뼈를 폈을 때

평소 모습

놀라운 사실!
킹코브라의 머리 뒤쪽엔 독특한 무늬가 있어.

동물원의 코모도왕도마뱀

코모도왕도마뱀을 실제로 만나고 싶다고? 그건 위험해! 대신 세계의 몇몇 동물원에서 코모도왕도마뱀을 안전하게 만날 수 있단다. 하지만 그리 재미있지는 않을 거야. 파충류는 몇 시간이고 그 자리에서 꼼짝하지 않거든.

기본기 다지기
파충류에 대해 연구하는 학문을 '파충류학'이라고 해.

요건 몰랐지?
코모도왕도마뱀은 아침에 햇볕을 쬐어 체온을 올린 다음 활동을 시작해.

코브라는 춤꾼?

인도나 태국 등을 여행하다 보면 거리에서 피리를 부는 사람과 피리 소리에 맞춰 살랑살랑 몸을 움직이는 코브라를 볼 수 있어. 피리를 부는 사람은 코브라한테 물리지 않냐고? 걱정 마! 춤추는 코브라는 독니를 뽑아 놓는다고 해.

요건 몰랐지?
어떤 사람들은 킹코브라나 뱀 등을 반려동물로 길러.

놀라운 사실!
코브라가 춤추는 모습은 사실 사람을 경계하는 자세야. 아무리 사나운 코브라여도 사람은 꽤 무섭거든.

최강 동물 대결!

코모도왕도마뱀이 먹이를 찾아 어슬렁대고 있어. 배가 너무 고파서 어떤 동물이든 가리지 않고 먹어 치울 수 있을 것만 같지. 그런데 아직 저 너머 풀숲에 킹코브라가 있는 건 눈치채지 못했나 봐.

요건 몰랐지?
코모도왕도마뱀은 지구상의 모든 동물 중 공룡과 생김새와 걸음걸이가 가장 비슷해.

킹코브라는 코모도왕도마뱀을 발견했지만 별 관심이 없어. 코모도왕도마뱀은 킹코브라가 통째로 삼키기에 너무 크거든.

드디어 코모도왕도마뱀이 킹코브라를 발견했어. 코모도왕도마뱀은 킹코브라에게 슬금슬금 다가갔지. 위험을 느낀 킹코브라는 머리를 들어 올려 갈비뼈를 활짝 폈어. 그러고는 나직하게 그르렁거렸지.

킹코브라는 적이 그저 자기를 혼자 내버려두길 바랐어. 하지만 코모도왕도마뱀은 조금 더 가까이 다가가 킹코브라 주위를 빙빙 돌았어. 킹코브라를 두고 그냥 지나가기엔 너무 배가 고팠어.

놀라운 사실!
킹코브라는 헤엄을 치고 나무에 오를 수도 있어.

맙소사! 어슬렁거리던 코모도왕도마뱀이 킹코브라의 알을 실수로 밟아 깨뜨려 버렸어. 이제 킹코브라도 참을 수 없었어. 재빨리 반격해 코모도왕도마뱀의 다리를 콱 물었지! 으아악! 킹코브라의 송곳니가 코모도왕도마뱀의 다리에 꽂히는 순간, 독액이 다리로 스며들었어.

코모도왕도마뱀은 몇 발자국 걸어가다 이내 숨을 거칠게 쉬기 시작했어. 다리는 덜덜 떨리고, 어질어질 눈앞은 캄캄했지. 쿵! 결국 코모도왕도마뱀은 얼마 못 가 풀썩 쓰러지고 말았어.

킹코브라가 승리했어! 치명적인 물기 공격 한 방으로 코모도왕도마뱀을 물리쳤지. 하지만 이건 단 한 번의 싸움일 뿐이야. 어쩌면 다음번에는 코모도왕도마뱀이 킹코브라를 먼저 물 수도 있지 않을까?

누가 더 유리할까?

아래 체크리스트의 각 항목을 보고, 더 강한 동물에 체크(v) 표시해 봐!

코모도왕도마뱀　　　**킹코브라**

코모도왕도마뱀		킹코브라
☐	크기	☐
☐	몸무게	☐
☐	이빨	☐
☐	침과 독	☐
☐	혀	☐
☐	비늘	☐
☐	머리뼈	☐

★ **찾아보자!** 크기·몸무게 44~45쪽, 이빨 46~47쪽, 침과 독 48~49쪽, 혀 50~51쪽, 비늘 52~53쪽, 머리뼈 54~55쪽

지은이 **제리 팔로타**

미국 매사추세츠주 페가티 비치에서 72명의 사촌들과 함께 지내며 어린 시절을 보냈다.
어른이 되어서는 30년 넘게 어린이책 작가로 활동하며, 90권 이상의 책을 썼다.
쓴 책 중에 「누가 이길까?(Who Would Win?)」 시리즈를 가장 좋아한다.

그린이 **롭 볼스터**

풍경과 사물을 매우 사실적으로 그리는 예술가이자 전문 일러스트레이터.
미국 로드아일랜드 디자인스쿨을 졸업하고 20년 넘게 일러스트레이터로 일하고 있다.
지금은 매사추세츠주 보스턴 근처에서 유화를 그리며 지낸다.

옮긴이 **김아림**

서울대학교에서 공부하고 같은 대학원 과학사 및 과학철학 협동 과정에서 석사 학위를 받았다.
출판사에서 과학책을 만들다가 지금은 책을 기획하고 번역하는 일을 하고 있다.
옮긴 책으로는 「자연 다큐 백과」 시리즈 『수리와 올빼미』, 『육식 동물』, 『돌고래』,
『내셔널지오그래픽 키즈 사이언스 2025』 등이 있다.
이메일: **thaiqool@gmail.com**

사진 저작권

Page 9 full-page image: © FLPA / Ala my; page 14 bottom image: © Biosphoto / SuperStock; page 18 center image: © Werner Bollmann / Getty Images; page 19 center image: © Charles McDougal / ardea.com; page 23 full-page image: © Michael & Patricia Fogden / Minden Pictures; page 28 center image: © kool99 / istock; page 29 center image: © taolmor / istock; Page 56: © Jonathan and Angela Scott / NHPA / Photoshot; page 57: © Animals Animals SuperStock; page 58: © Skulls Unlimited International, Inc.; page 59: © Skulls Unlimited International, Inc.; page 60: © Michael Pitts / Nature Picture Library; page 61: © Gary Graham / Newspix / News Ltd.; page 64: © Andy Paradise / Rex USA; page 65: © Blaine Harrington III / Corbis

누가 이길까?
악어 vs 비단구렁이
또 하나의 대결 코모도왕도마뱀 vs 킹코브라

1판 1쇄 펴냄-2022년 9월 27일, 1판 3쇄 펴냄-2025년 7월 9일
글쓴이 제리 팔로타 그린이 롭 볼스터 옮긴이 김아림 펴낸이 박상희 편집장 전지선 편집 이혜진 디자인 김성령
펴낸곳 (주)비룡소 출판등록 1994. 3. 17.(제16-849호) 주소 06027 서울시 강남구 도산대로1길 62 강남출판문화센터 4층
전화 02)515-2000 팩스 02)515-2007 홈페이지 www.bir.co.kr
제품명 어린이용 각양장 도서 제조자명 (주)비룡소 제조국명 대한민국 사용연령 3세 이상

WHO WOULD WIN? : ALLIGATOR VS PYTHON
Text Copyright © 2014 by Jerry Pallotta
Illustration Copyright © 2014 by Rob Bolster

WHO WOULD WIN? : KOMODO DRAGON VS KING COBRA
Text Copyright © 2011 by Jerry Pallotta
Illustration Copyright © 2011 by Rob Bolster

All rights reserved.

Korean Translation Copyright © 2022 by BIR Publishing Co., Ltd.
This Korean translation edition is published by arrangement with Scholastic Inc.,
557 Broadway, New York, NY 10012, USA through KCC(Korea Copyright Center Inc.), Seoul.

이 책의 한국어판 저작권은 ㈜한국저작권센터(KCC)를 통해 저작권사와 독점 계약한 (주)비룡소에 있습니다.
저작권법에 의해 한국 내에서 보호를 받는 저작물이므로 무단전재와 무단복제를 금합니다.

ISBN 978-89-491-3303-4 74400 / 978-89-491-3300-3(세트)

 제리 팔로타 글 · 롭 볼스터 그림 | 신인수 외 옮김

숨 막히는 대결로 이루어진 짜릿한 동물도감!

- **사자 vs 호랑이** / 재규어 vs 스컹크
- **고래 vs 대왕오징어** / 범고래 vs 백상아리
- **악어 vs 비단구렁이** / 코모도왕도마뱀 vs 킹코브라
- **티라노사우루스 렉스 vs 벨로키랍토르** / 트리케라톱스 vs 스피노사우루스
- **북극곰 vs 회색곰** / 방울뱀 vs 뱀잡이수리
- **타란툴라 vs 전갈** / 말벌 vs 쌍살벌
- **바다코끼리 vs 코끼리바다물범** / 바닷가재 vs 게
- **최강전: 정글 동물 편** / 최강전: 곤충과 거미 편
- **최강전: 바다 동물 편** / 최강전: 바다 상어 편
- **최강전: 공룡 편** / 최강전: 파충류 편
- **최강전: 공포의 작은 상어 편** / 최강전: 익룡 편